Vingerafdrukken

Herman de Coninck
Vingerafdrukken
Gedichten

Uitgeverij De Arbeiderspers
Amsterdam / Antwerpen

Eerste druk augustus 1997
Tweede druk augustus 1997
Derde druk oktober 1997
Vierde druk november 1997
Vijfde druk januari 1998

Omslagontwerp: Steven van der Gaauw
Foto omslag: Jaco Klamer

ISBN 90 295 1160 5 / NUGI 310

Inhoud

De vier seizoenen

Vingerafdrukken op het venster

Ik denk dat poëzie iets is als vingerafdrukken
op het venster, waarachter een kind dat niet kan slapen
te wachten staat op dag. Uit aarde komt nevel,

uit verdriet een soort ach. Wolken
zorgen voor vijfentwintig soorten licht.
Eigenlijk houden ze het tegen. Tegenlicht.

Het is nog te vroeg om nu te zijn. Maar de rivieren
vertrekken alvast. Ze hebben het geruis
uit de zilverfabriek van de zee gehoord.

Dochter naast me voor het raam. Van haar houden
is de gemakkelijkste manier om dit alles te onthouden.
Vogels vinden in de smidse van hun geluid

uit, uit, uit.

Het

Het eerste woord dat ik ervoor had was 'het'.
Daarna 'mem', gelezen bij Ernest Claes, en 'tet'.
'Borst', verbeter je in mijn oor.
Je zégt niet: 'Wil je ze zien,' je kijkt het.

Hoe wat bij mij één is twee mag zijn
en toch hetzelfde heten. Later mijn hoofd ertussen:
ik ben één van je drie borsten. Ik wil weten
wat zij weten. Ik studeer voor horige.

Het zou nog jaren duren
voor ik dat onderste woord zou proberen:
'Erin.' Mag ik erin. Dat was bij een volgende.
Ik wou er heel diep in, tot bij de vorige.

Half mei, avond

Voor Theo S.

Tuindeuren staan open, geuren
en muggen mogen in en uit, de blaadjes van
de treurbeuk zijn geteld, honderd vandaag,
ontelbaar morgen.

Blauweregen probeert rond een stok
omhoog te komen, ongeveer zoals een man
tot zijn veertigste penis nodig heeft
om omheen te zijn.

Het mooist is de jonge ginko,
allemaal handjes die bij de rijke dageraad
om een dauwdruppel bedelen en hem tot 's avonds
in hun palmpje houden.

Dank u, vandaag, dat u er ook vanavond
nog bent, zo nog een beetje nahebbende
het nu. Alles is zoveel dat een klein beetje
ook nog bijna alles is.

Pointillisme

Voor Laura en Tom

Sloten onder kroos, pointillisme
van groen, stilliggend geril
van begin, natuur die vijf miljard puntjes tegelijk
op haar i's zet.

Ik op mijn buik langs zo'n sloot.
Geef me mijn bril eens. Puntjes op de i inspecteren
is mijn beroep en vooral: daarbij op mijn buik liggen.
Hoeveel puntjes heb je nodig voor groen?

Hoeveel zandkorrels, zandkorzels, voor strand?
Hoeveel mensen voor mensheid?
Twee.
Iemand met sproeten, en iemand die ze telt.

Nu

Vandaag zag ik een vrouw
afscheid nemen op de trein.
Zij ging naar een ander land,
maar ook daar zou zij van hier zijn,
achternabemind door haar man.

Zo hoop ik dat ik mijn dochter,
over vijftig jaar, een vorige eeuw
in kan beminnen, deze,
in deze zinnen.

*

Wat wind schrijft op zee, v na v na v,
wild gekrabbel: als ik goed luister
kan ik mezelf horen luisteren.

Water zwemt zich gek om boven te blijven,
zoals ik in het nu, om toch maar de hedenste
seconde van deze minuut te zijn.

Nacht doet het licht uit.
Het begint met de grote o van de ondergaande zon.
Ze ademt de hele zee weer in

zoals het woord donker de letters
rond zijn o. Slaap slaapt zich
boven mij. Ik ben de benedenste.

November

Er hangen nog twee blaren
aan mijn esdoorn. Duizend andere zijn
rood geworden, alvorens dood.
Vergeten te kijken.

Vergeten gelukkig te zijn.
Nochtans had ik een tuin
waarin een stoel, en die stoel
had mij, en ik had een hand

en die hand had een glas
en mijn mond had meningen.
Alles had.
Alles had ons.

*

Het sneeuwt traag. Zo op het oog valt alles omhoog,
gewichtloosheid in. (Zo val ik in mijn lettergrepen,
zo word ik een beetje omhooggezeten in de fauteuils
van mijn regels.) Iemand, god, houdt adem in

en daarin sneeuwt het. Oerwit is ontploft
en de ontploffing blijft hangen. Kale kandelaarboom
   heeft
op takken van één centimeter dik, vijf centimeter sneeuw.
Het is zoals onderstrepen: bovenstrepen.

Het is nacht, melkweg *en dansante.*
Mijn tuin ligt zich wit te luisteren
zoals een pointillistisch schilderij nog altijd hoort
wat er destijds op werd aangebracht:

afwezigheid van zwaartekracht.

Ein einfacher mensch *(Gelegenheden)*

Drie gedichten naar Edmund Blunden (1896-1974)

Vlamertinghe juli 1917

'And all her silken flanks with garlands drest'–
Maar wij zijn hier gekomen voor de offerande.
Guirlandes zijn niet nodig voor wie niet de West-
Hoek zag, en voor wie wél, volstaan vier houten wanden
Meestal. En toch moet dit het grootste kleurgewemel
Zijn, de meest bloemrijke taal die aarde in zich heeft;
Ze verleent gratie na gratie aan het trots kasteel.
Kanonnen loeien naar de hemel, maar het overleeft.

Vrijpost'ge madeliefjes, lichtend goud,
Gemurmel roze en wit van duizend rozen–
Wat een tapijt. Klaprozen, een miljoen.
Hectaren vermiljoenen bibberatie.
Maar als je 't mij vraagt moesten deze roden doffer zijn.
De dood heeft hier zijn kleur verkeerd gekozen.

De hallen van Ieper

Een wirwar van staal en versplinterde balken,
Ontbonden gebinte, ontwapend beton,
Een muur met een knalblauw affiche – vreemd als dromen
Loopt deze stad dood in de zon.

Een vormloze obelisk spookt na van Sint-Maartens,
Zijn spits: nu doelwit voor een Duits bataljon.
Daarnaast kruipt de lakenhal weg; de trots van dit land,
Nu scheefverbrand bordkarton.

Alleen de vierkante toren draagt nog de sporen
Van in sterke kantelen bewaarde tijd van toen,
Van fierheid van hier en abele spelen –
Van voor deze ontijd begon.

En onder de serene koepel van dit middaguur,
Onder het onveranderlijk mysterie van azuur,
Zitten daar duiven om zich op te doffen en te pronken –
Om weg te wemelen van de laatste muur.

Loopgravenslag bij Hooge

De rozenvingerige dageraad lag zich nog af te vragen
Welke belichting nodig was om het wijdopen zwijgen
Van dit land, deze zwijnenstallen, dit godverlaten hier
Waarin alle ogen lagen te kijken achter een vizier,
Weer eens in welk beeld te krijgen,

Toen uit het zwart ineens ándere roze vingers
Allemaal naar hetzelfde doelwit wezen, die daar en deze
En deze, en andere vingers volgden, identieke,
Waarna aarde rood opspoot, en ofschoon de dood
Geen antwoord gaf, kwamen er alvast replieken

Op hetzelfde neer: op een stukje bodem, een voorschoot
    groot,
Waar een valse donder zichzelf leek uit te vinden.
Oost en West deden valse dageraden, waaiers van vuur en zij,
Open en weer dicht. Plagiaten van bliksems sloegen uit alle
    gaten
Die de westenwinden hadden opengelaten.

Wie had staan kijken, had in de loopgraaf die met zijn tien
Man het centrum van dit alles was, ogen kunnen zien
Die later nooit meer zouden weten wat ze zagen.
Het laatste appèl. 'Wij? Waarom wij weer?'
De laatste keer dat ze dat zouden vragen.

Toen eindelijk het echte ochtendgloren
Zich door deze diepvrieskou wou kraken
Durfde het de nieuwe molshopen van de dood
Bijna niet aan te raken. Het was bijna te horen
Hoe de vingers van de dageraad leken te strelen

Over de voorhoofden van een man of zes, zeven
Wier ogen het daaronder niet meer kon schelen
Of dit de hemel was, dan wel de hel, laat staan
Het leven. En welke hand voor hun geboorte
Of na hun dood het licht had aan- of uitgedaan.

Last Post

Vanavond zou ik naar Ieper. Het liep tegen zessen.
Ik reed ondergaande zon tegemoet, en drie verdiepingen
Dali-achtige wolken die door windkracht negen werden
   weg-

gejaagd, de hemel waaide van de aarde weg,
ik moest hem laten gaan, ik reed en reed, 150 per uur,
en raakte per minuut tien minuten achter. Daar ging mijn
   horizon.

Als ik in Ieper arriveer is het 1917. Duitsers hebben de zon
kapotgeschoten. Het licht dat er nog is, zijn explosies.
Ik bevind mij in een gedicht van Edmund Blunden.

Vanuit de loopgraven schrijft hij een ode aan de klaproos.
Aarde heeft een groot Über-ich van bloemen over zich.
Blunden heeft ze letterlijk in het vizier.

Het is hier een paar jaar lang
de laatste seconde voor je sterft.
Er zijn alleen maar kleinigheden.

Later hoor ik onder de Menenpoort de Last Post aan:
drie bugels die je tot tachtig jaar terug
door wat nog over is van merg en been hoort gaan.

*

Als alle rivieren van inkt waren
en alle bomen pennen,
dan nog zou men het leed van Auschwitz
niet op kunnen schrijven.

Het was Jacob Silberberg die dat citeerde
in de documentaire *Ein einfacher Mensch*:
hij had behoord tot het Sonderkommando
dat de vergaste lijken cremeerde.

De documentaire bracht een uur lang zijn ogen
in beeld. De film hield op, maar die ogen niet.
Hij kon niet meer voorbij een station komen

of hij zag doden uitstappen.
Hij kon niet meer praten of hij moest zwijgen.
Hij kon niets meer zien of hij zag.

Juist nu

Voor Wim

Vandaag Wim Neetens verstrooid. Dat was hij altijd al een
   beetje,
verstrooid, omdat hij uit zijn verleden vandaan wou blijven
   komen,
en omdat hij van daaruit rechttoe rechtaan naar toekomst wou,
marxisme, daar had hij voor gestudeerd, en omdat het toch
   allemaal

zou misgaan: dat was dan weer wat hij als schrijver niet *niet* kon
   zien.
Het blijft bij probeersels, dat willen van ons om iemand te zijn,
maar het was een groot willen, om drie iemanden te zijn, en
   moge het gebaar
waarmee hij verstrooid werd hem het altijd en overal ingegooid
   hebben.

Juist nu komt de magnolia tot ontploffing,
vorige week nog een samenscholing van niet vallende
sneeuw, eergisteren al vol grote witloofblaren die vandaag

op de grond liggen: staat hij daar vol lege handen, met nog die
geste, zichzelf, waarvan het allemaal afgevallen is.
Zo fier, zo zonder gemis.

*

Ik zit in een dwangbuis.
Zoiets als een persoonlijkheid.
Ik heb mezelf bij elkaar. Jullie
hebben jezelf bij anderen.

Zal ik jou pijn doen of mezelf?
Jou pijn doen lijkt me het leukst.
Als ik wil spreken bijt ik op mijn tong,
zo proef ik de letters.

Ik ben altijd vrolijk. Ik kan heel blij
kwaad zijn, jij kunt alleen maar boos kwaad zijn.
Ik ben graag traag, voor mij is het altijd nog maar
daarstraks. Als ik je roep, kijk je om.

Zie je wel dat jij al ginder bent?

Bij een foto van Norbert Maes.

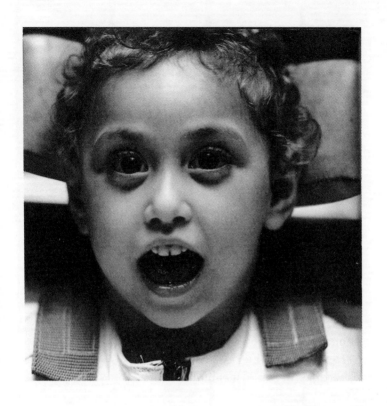

[Gedicht voor Marc] Vijftig

Foto's van zee. Hij duwt aan een stang een neefje voort.
Onder dat neefje zijn autowieltjes aangebracht
om het duwen gemakkelijker te maken. Onder die wieltjes
is zeedijk aangebracht, die eronder wegloopt, om hem

de indruk te geven dat hij vooruitgaat. Ook wind helpt mee
met duwen. Als je niet té hard geduwd wil worden, moet je
een beetje achterover lopen. Zo loopt hij ook naar de
   21ste eeuw,
hoho, niet duwen, ik wil eigenlijk naar de 19de.

Hij is hier met vakantie in zichzelf. Deze villa is prima
   geschikt
om niet buiten te komen. Thuis moet hij dat wel. Hier niet.
Het verste waar hij zich waagt is de stoep. Daarop zit hij dan.
Te kijken of ook zij niet binnenkomt.

[Gedicht voor Mit] Vijfentwintig jaar met Marc

Ze kan een paar dingen buitengewoon goed. Bijvoorbeeld
voor de honderdste keer lachen om die opmerking van hem:
'Ik wou dat mijn vrouw met een dokter getrouwd was, dan
   hoefde
ik nooit meer te werken.' Ze kan heel goed de honderdste keer

van iets hebben. Ze lacht om ouwe grappen, niet om nieuwe.
Om de zekerheid. Om de gezelligheid van de herhaling.
Hier heerst kordate meligheid. Die doet met dit huwelijk
wat bloem doet met sauzen: ze dikker maken, binden.

Ze kan doortastend roken & koken, lezen in recepten,
trekken aan sigaret, verder lezen, verder trekken.
Trekken, dat is wat wereld doet aan een reiziger, een sigaret
aan haar, thee aan zijn zakje, partners aan elkaar in de theepot

van het gezin. Ook is ze een goede openluchtlezeres. Met een
   boek
onder de zon in slaap vallen in zo'n prachtig ander leven
en rooskleuriger dan ooit wakker worden in het hare:
kijkend of ook hij niet buitenkomt.

Parabel van de verloren vader

Zoon wil wereld veranderen.
Vader eigenlijk liever zoon.
Maar hij kan alleen een zin veranderen
tot die niet meer anders wil.

Je zal maar jong zijn en meningen hebben
van anderen, en verder niks,
niet eens een dode vader.

'Dat eigen leven, begin daar gvd. eens mee,
en kom over tien jaar eens terug met verdriet
in plaats van gelijk, bijvoorbeeld na een vrouw of twee.
Dat ik kan zeggen: je bent dezelfde gebleven.'

Het bovenstaande is tien jaar geleden geschreven.
En aldus is tien jaar later geschied.

Ginder

Tanzania, Serengetti-park

1

Van een absolute juffrouwelijkheid, van een jonge ouwelijkheid
zijn de giraffen. Ze staan meestal als een trapladdertje tegen een
boom, om er bovenaan in te bladeren. (Daar hebben ze een
    leesbrilletje.)
En zo lopen ze ook: als een trapladdertje, open en dicht, open
    en dicht

nemen ze zichzelf overal mee naartoe om overal net iets hoger
    dan
zichzelf te kunnen zijn, kijken, eten. In elk geval zo hoog dat ze
het gedokker waarmee onderaan telkens alles meegenomen
    moet worden,
niet horen. Het hoge en het lage. Bovenaan dat grage adellijke
    trage

schouwen. Schijten gebeurt minstens drie meter lager.
    Fototoestellen
fotograferen op één honderdste seconde. Zij kijken terug met
    een blik
van één minuut per minuut. Ze staan daar hoog te onthouden
wat het weer was dat ze morgen onthouden zouden.

Boze olifant. Oren wapperen. Dat is toch algauw
twee keer twee vierkante meter, opzij van zijn kop.
Zullen we hier eens gauw per ongeluk tegen deze Toyota
(waarin ik) aan lopen, vraagt hij zich af. Volgt angstwekkend

trage galop. Hij bevindt zich te midden van zijn eigen pardaf.
De rest van de kudde staat aan de overkant van de weg. Een
    drafje,
een aardbeving, brengt hen weer bij elkaar: twintig aan
    elefantiasis
lijdende, van elefantiasis genietende, van beton lekker
    volgestorte

grijzen, van hun eigen overdrevenheid rustig geworden gehelen.
Een encyclopedie in zijn twintig van a tot z volgeschreven delen.
De ontroering dat er in al die slobberbroeken gewoond wordt.
Dat cement oogjes heeft om mee uit die ontzaglijkheid te
    kijken.

Dat de traaggrazende manier waarmee ze tien kilometer
    struiken
per dag tot zich stofzuigen – hun eten is een soort ontbossen –
vier baby'tjes met zich meebemint: hier moeten grotere
    verklein-
woorden voor uitgevonden worden dan er bestaan.

Hoe kan beton knuffelen? Door heel veel
aan elkaars teveel te snuffelen? En houden van?
Door gewoon bij elkaar te blijven staan?

Een hippo-poel vol oortjes, meer zie je niet.
Af en toe hoor je iets bilabiaals, pffft of zo. Uit hun
meterbrede lippen klinkt dat als een lichte bries.

Met hun duizend kilo staan ze een beetje te drijven,
staan ze een beetje aan te schuiven aan hun stijve,
hectaren nijlpaard schuren tegen hectaren nijlpaard.

Het lijkt te lui voor seks, maar ik wou dat ik het kon.
Tot er midden in de eeuw wordt geëjaculeerd:
beton wordt volgeschoten tot gewapend beton.

Ubud [1]

Een lotusvijver ter grootte van een voetbalveldje.
Duizend blaren steken een meter boven het water uit.
Langs de lijnen olielampjes, als olympische lopers
die dit alles voortdurend naar het hier en nu dragen.

Vooraan een orkestje van twee gamelans en één fluit:
muziek waarvan slangen en opgerolde touwen
overeind komen. Heel even lijkt dit te gelden voor de hele
vijver: dat het muziek is die hem hoogstelig laat bestaan.

Middenin doet een fontein aan geklater:
het zichzelf weer oprapen van water.
Het geheel heet Lotus Café. Ik drink er de lokale rum.
Ik heb een pen gevraagd en stuur dit op naar jou.

Ubud [2]

Monkey Forest. Een oerwoud van duizend vierkante meter.
Aapje inspecteert drie wijfjes, tilt staart op, ruikt, nee,
volgende, tilt staart op, ruikt, nee, volgende, tilt staart op,
tja, knijpt er de schaamlipjes uit, inspecteert.

Wil jij mij zo ook eens inspecteren, zeg je.
Even verder laat een oerboom dieper dan hij zelf
begrijpt luchtwortels neer tot benedener
dan kan, een wegje canyont zich diepte in,

trap trapt om zich heen naar een vijvertje.
Daar trekken goudvissen ernst door het water,
traagheid door graagte, rust door lust.

Lieveling, zeg ik in je oor. Je blik klikt even,
zoals mijn tekstverwerker als ik bewaar.

Ubud [3]

Tien kilometer buiten Ubud is er een plek
waar bij zonsondergang een paar honderdduizend
reigers hun vaste boomtak komen opzoeken.
Van zes tot halfzeven blikkert de lucht met al dat wit

tegen het nachtblauw in. Gestrekte vlucht
waaruit landingsgestel van poten wordt neergelaten
en een vraagtekenhals óp. Tweehonderdduizend
vraagtekens komen hier wonen in hun krul.

Onderweg staan vrouwen blote borsten te wassen
in de slootjes van de rijstvelden. Overal Gauguin.
(Ik denk dat poëzie de wetenschap is van het missen.

Heel goed weten wát, dat maakt het wetenschap,
en daar dan op wachten. Een lege plek.
En ineens overvlogen worden door betekenissen.)

Slaapliedje voor Laura in Gigaro

Eén miljoen vissen houden zich stil
en daardoor slaapt de zee.
Moge ook jij een paar duizend gedachten
niet hebben, en daaronder slapen.

(Ik heb ze voor jou gehad. En soorten verdriet.
Ze waren de moeite niet.)
En moge je ontwaken door vogelgekwetter.
God is vrij vertaald in het Hebreeuws,

maar dit is naar de letter.

Avond in mei, Gendray

Hoe hij dat doet, de avond, vallen?
(Zoals motregen, maar dan zonder motregen?)
Een late hommel bromt in het rond, een vracht-
vlieger. In de verte verdwijnt een auto uit zijn geluid.

Langzaam verdwijnen ook de koolzaadvelden uit
hun geel. Ik hoor melkemmers klinken in de stallen
van mijn oom. Het geluid van witte muren.
In de goot staat donkere pis, de kleur van Guinness,

met evenveel schuim. De laatste dingen van de dag.
De minuten zijn voorbij, nu komen de uren.
Wat is, kan zonder betekenis. Twee keer een wonder:
werkelijkheid mét en werkelijkheid zonder.

Vader komt thuis van zijn werk. Hij heeft iemand
    meegebracht:
oom Avond. Hij zit mee aan tafel aan. Bezoek.
Na het eten leest hij graag een boek. Af en toe
zegt hij jaja. Dat zal wel, want dat boek

heeft hij zelf geschreven. Het gaat over vandaag.
Het is pas uit. Hij leest het na.
– Ik schrik wakker. Iets is er niet meer. De hommel.
Zitten dromen. Het is negen uur.

Thuis zit de avond al bij het vuur.
Ik had hem niet zien binnenkomen.

Ewewig

Simon Vinkenoog over de zee nabij Kaapstad:
'Ongelooflijk hoe waterpas, hè!'
'En zo weinig scheepjes!'
'Jamaar, 't is zondag.'

Later vertelt Phil du Plessis hoe zijn grootvader
metselaar was, viool speelde, en een glazen oog had.
Om te zien of een muur waterpas stond, legde hij zijn glazen
oog erop, begon viool te spelen, en als het oog bleef liggen

was de muur waterpas. Zo schrijft werkelijkheid soms
een strofe of twee voor me op en begint viool te spelen,
omdat het zondag is.

Hotel in Durban

Rond halfzes gaat zon onder, komt zee boven.
Gooit haar zilverigheid in het rond, komt aanrollen
op haar breedste alexandrijnen van schuim,
op haar twaalfkilometers.

Mijn balkon is een groot televisiescherm waarop zee.
Overdag zijn er honderd soorten lawaai. 's Nachts twee: zee
die zich luidruchtig opgraaft uit de mijnwerkerij van zichzelf,
en krekels. Wat krekels doen is zoiets als vioolspelen op die ene

zenuw waaraan je tandpijn hebt. Tuinman spuit 's ochtends
voor het hotel de struiken schoon: uit één plant schieten er
miljoenen weg. Ik heb maar honderd woorden.

Daarin ontstaat een groot zeggen
waarin de zee zich één voor één voor één voor één
wil nederleggen.

O, de o! (Een stijlleer in zeven lessen)

Ars poetica

'Er is niet veel nodig om te wonen.
Iemand die *hier* zegt tegen het onmetelijke.
En een medaillon op de schouw,
een pasfotootje. Zo klein
is het onvergetelijke.' Einde citaat.

Wat er oorspronkelijk stond, zo groot
is het onvergetelijke, heb ik veranderd
in zo klein. Daar heb ik een jaar over gedaan.
Het is hard zwijgen, een gedicht:

grafsteen die luistert naar wat erin is gegrift.
Letters die luisteren tot ze vol regen staan.

Zoals

1

Zoals Witte Veder zijn oor op de aarde kon leggen
en mededelen dat een bende bandieten in aantocht was,
zo luister ik aan taal om te weten welke betekenis
het straks weer in mijn gedicht voor het zeggen

zal hebben. Taal? Het maal tien, maal toen dat een woord
kan geven, ja aan wat. Wat wil de dichter
eigenlijk horen? Een eredienst van gemis voor wat er nog is?
Het cadeau van o aan werkelijkheid: dat ze bijna zo?

O, het zijnde. Zwijgen
is goed in hebben. Papier is goed in krijgen.
Het wordt ochtend. Praatjes van de merel
over alles heen: blokfluit met drie gaatjes.

Zoals ik graag knoflook heb bij lamsvlees,
zo wil ik tabak bij lucht: om adem te kruiden
en pas nadien uit te blazen, als was het elke keer
mijn laatste.

Ik heb het tijdelijke met het eeuwige
vaak genoeg verwisseld in mijn poëzie
om te weten dat ik het tijdelijke wil.

Betekenis: dat is wat een blootgewoelde vrouw
aan lakens over zich heen trekt.
Ik trek ze weer weg.

Zoals een grootvader van zijn kleinzoon houdt,
zo legt beeldspraak ergens een arm omheen.
Een beeld moet een paar maten te groot zijn,
als een winterjas. Een beeld brengt werkelijkheid

mee naar huis zoals die grootvader zijn kleinzoon
wanneer zijn eerste meisje hem in de steek heeft gelaten.
Gegeven zijn: sukkelachtigheid en mededogen.
Werkelijkheid probeert te mogen.

Zoals een steen-in-het-water in zijn kringen mag blijven.
Zoals ik ooit boven de Hérault een stuk of tien
libellen zag verblijven in hun l'len. Zie mij zien.
Ik zie de wimpers stilstaan boven mijn ogen.

4

Ik legde een halssnoer rond je hals
zoals 'zoals' rond een zin.
Hij veranderde daarvan, zoals je hals
er langer van werd, hoger keek.

Alles ging een beetje liegen, met oogschaduw
onder haar o's kwam de werkelijkheid mij vragen
of ik meewou, naar een gedicht of zo.

Nee. Laat het allemaal maar weggegaan zijn
uit mij, beeldspraak, betekenis. Ik blijf wel
achter. Taal een lege zaal.
En ik degene die het licht uitdoet.

Zoals een homerische vergelijking veel volk
meebrengt om te kijken, een samenscholing
van beelden staat te wijzen naar het gebeuren,
eigenlijk is het een soort geroddel –

zo kan ik me voorstellen dat het gebeuren
liever niet gebeurd zou zijn en het vergelekene
liever niet vergeleken. Dat het alleen wil zijn.
Dat het betekenis kan missen.

Missen is een daad van bevestiging.
Ik bevestig dat ik leef. Dat ik alleen leef.
Het is verwant met hebben:
met het hebben van een leeg huis.

Het is twee keer een kunst, ik kan veel
hebben. Ik kan vooral ook weinig hebben.
Vroeger keek je naar de opgaande zon.
Nu naar je vingernagels.

Het is hetzelfde roze.

O, de o!

Voor Jan Eijkelboom

O, de o! Zet haar ergens voor en het wordt er groter van.
Zo kan de uitroep: o, werkelijkheid! betekenen
dat je zoveel ineens niet had verwacht. (Zoals je
bij een cadeau zegt: o, dat hoefde echt niet!)

Het omgekeerde kan ook: probeer eens 'o, sleutelbloempje!'
te zeggen tegen een sleutelbloem. Dan zul je wel zien dat je
het maar tegen één tegelijk kunt. Het wordt er kleiner van.
Je moet het plukken. O, mensenleventje.

In elk geval gebeurt er altijd iets, met een o. Om te beginnen
moet je je wel in een gedicht bevinden. ('O, een gedicht!'
stoot het ene meisje het andere aan met haar elleboog.
'En het gaat over ons,' geeft het andere wicht

haar een stomp terug, 'lees hier maar tussen deze haakjes!')
O: soms is het het juiste pathos – die taal kan hij verstaan –
om God te vragen of hij meekijkt: zie nu toch eens
wat u hebt gedaan!

Zelf was ik negentien toen ik mijn eerste o gebruikte, in
    gedichten
als 'O, ik weet het niet'. Ik bedoelde eigenlijk: o, ik!
Vandaag zou ik me tot de letter o zelf richten:
'Nee, o, ik weet het niet meer. Op mijn leeftijd heb ik u
    opgegeven.'

Misschien wou ik een laatste o om nog eens te zeggen:
o, werkelijkheid! Maar dan zoals mijn moeder
hoofdschuddend kon zeggen over mij: jongen toch!
Ik wou dat ze dat nog eens zei.

Nu, dus

*

De troost van het zegbare.
– Schatje, is er iets?
– Nee, liefje, het is niets.

Avond. Zo'n rustige druppelregen.
De avond als pianist.

Zo werd er thuis gebeden, vijftig keer
weesgegroet Maria vol van genade.

Zo werd er gepreveld, ssst gezegd
tegen de koude oorlog bij de warme kachel.

– Schatje, is er iets?
– Nee, liefje.
– Sorry, ik dacht even dat er iets was.

Liedje

1

Ik heb haar van mijn vader gekregen.
Die ene keer per jaar dat ze zong,
zei hij: 'Hoor, ze zingt.'
En ineens hadden wij in plaats van
een streng wijf een moeder.
Ze zong niet, ze neuriede.
Het was zoals een gezin dat er ineens
een dochtertje bij krijgt.
Alleen was het deze keer dus een moeder.

2

Op foto's zie ik hem altijd wijzen
met de steel van zijn pijp: kijk.
Ik zei: dat zijn toch alleen maar bomen?
Nee, zei hij, dat is landschap.

Die pijp stak hij zelden aan, die was
voor straks. Hij was voortdurend bezig
te zullen gaan genieten, maar dat kon alleen
als wij meededen.
Hij was heel goed in handenwrijven.

3

Zakdoek leggen, niemand zeggen
speelden wij. De zakdoek was de dood achter je rug,
maar je kon op tijd omkijken, heel hard rennen,
en dan was de dood voor iemand anders.
Voor mijn vader bijvoorbeeld.
Daarna voor mijn moeder.
Ik had gewonnen.

*

Opgevoed in zwijgzaamheid.
Het is sindsdien mijn vak: woorden zoeken
die zwijgen. Die je niet hebt,
maar alleen kunt krijgen.

Misschien leerde ik het van mijn moeder.
'Jongen, je weet wel,' zei ze toen ik ging trouwen.
Ik heb er bundels en vrouwen
over gedaan om zo weinig te zeggen.

Om het geinige af te leren, vervolgens
het chagrijnige, om ten slotte thuis
te komen in het weinige.
Van de lenige liefde in de enige.

*

Ik herinner me een gedicht dat ik nooit
schreef, waarin het woord bunker
veel wind door zich heen laat gaan
en rijmen moet op hunker.

Het tocht er van hartstocht.
Alles moet zich vasthouden.
Als het over is blijken wij

elkaar vast te houden.
Wat nu.

Nu, dus.

*

Onze slaapkamergordijnen worden opzij gehouden door
kwispels, zoals je een chique vrouw even apart neemt
met een hand om haar heup. (Ik zeg iets in haar oor.)
Zo hangt links een door mij naar links even apart genomen

gordijn, en rechts een door mij naar rechts even apart
genomen gordijn, en tussen die twee accolades in
mag schijn schijnen, op ons, op het bed waaruit we wakker
geworden zijn. Hier heeft slaap zijn vier vierkante meter,

hier deinen onderbewustzijnen, soms steekt uit het ene
een hand en uit het andere ook en hebben ze elkaar vast-
gehouden in al die immense Freud. Hier is opgestaan uit. Dag
   uit

nacht, vandaag uit het voorgaande, wij uit elkaar.
Soms ga ik er overdag naar kijken, ons zonder ons. Licht.
Leeg gedicht. Taal zonder mij. Betekenis.

Ligstoel

1

Voor Jan Fabre

Het is een soort niets dat ik zoek. Wat je overhoudt
als je uit de kom van je beide handen hebt willen drinken:
je beide handen. Geuren lanterfanten door de tuin.
Ik heb een ligstoel onder me waarin ik zo laag als ik maar

in mezelf kan liggen, op mijn rug, het onderste wat ik heb, lig.
Hoe is dit liggen? Zoals je een cognac afmeet door het glas
horizontaal te leggen, zo is dit liggen, ik heb niet veel van mezelf
nodig om vol te zijn, wat ik nodig heb is vooral: weinig.

Er is te weinig weinig. De vergevensgezindheid
van het niets waarin wij, als we eveneens
niets zouden zijn, zouden passen.

De lucht is zo blauw als vergeetachtigheid.
De lucht is zo blauw als blauwsel waarmee destijds
linnen werd gewassen om witter te zijn.

Ik lig hier het bevlogene van zwaluwen te bestuderen.
Soms wordt er een hele zwerm overgesmeten, ik probeer te
    begrijpen
wie dit doet, de wind niet, maar ook zij niet, ze hebben geen wij,
alleen gewirwar. Ze proberen uit hun staart weg te vliegen,

knip-knip door het heelal, hier waren we al,
hier waren we al. Ik lig te snorkelen
aan mijn luchtpijp. Ik zie dat het goed is.
Ik wil er mijn handtekening wel onder zetten.

Nawoord

Vijf van deze gedichten werden onder de titel Nu, dus in een oplage van 25 exemplaren uitgegeven door Gert Jan Hemmink, uitgeverij AMO, Amstelveen. Het zijn andere gedichten dan degene die nu onder deze ondertitel gegroepeerd staan. Ook 'Slaapliedje voor Laura' kreeg van Hemmink een mooi privé-editietje, zo'n boekje van één bladzij. Enkele reisgedichten uit de afdeling 'Ginder' zijn oorspronkelijk als proza gepubliceerd, o.a. in De cowboybroek van Maria Magdalena, maar waren daar niet tevreden mee, wilden uit hun context, wilden regels kwijt en er andere bij. (Zo werkt poëzie: sommige regels zijn vragende partij.)

De drie Blunden-bewerkingen zijn gemaakt in opdracht van het Blunden-comité van Ieper, naar aanleiding van zijn honderdste geboortedag. Ze worden daar ook, in lengte van dagen, samen met de originele tekst, in plexiglas gegrift, tentoongesteld op de beschreven locaties, een soort mini-Blunden-route. Ik ben daar nogal trots op. Het eerste gedicht is, althans in zijn eerste strofe, misschien raadselachtig voor wie niet weet dat er gezinspeeld wordt op 'Ode on a Grecian Urn' van Keats.

Wim Neetens is de schrijver van twee verhalenbundels, verschenen bij uitgeverij Houtekiet. Hij stierf begin 1996, nog maar pas een tweede keer vader geworden.

Wat het gedicht 'Parabel' betreft: dat is werkelijk zo gegaan. Ik vond een eerste versie terug van zowat tien jaar geleden. Ik heb er alleen de laatste twee regels aan toegevoegd.

Voor wie dat niet zou hebben beseft: 'ewewig' is Afrikaans voor 'evenwicht'.

In 'Ars poetica' wordt gevarieerd op een regel van Benno Barnard, elders wellicht een paar keer op regels van mezelf. Men kan dat zelfplagiaat vinden; ik zie er, als ik mag kiezen, liever een bewijs van consistentie in.

Ten slotte wou ik Laure-Anne Bosselaar danken, in wier schitterende Provençaalse huis, met uitzicht op de Mont Sainte-Victoire van Cézanne, ik deze bundel heb mogen voltooien. En Benno, natuurlijk, die nu al vier dichtbundels lang toestemming heeft om mijn ergste tics weg te werken, omdat hij mijn poëzie beter kent dan ikzelf. Ik overweeg om hem mijn volgende bundel helemaal zelf te laten schrijven.

hdc.

Colofon

Vingerafdrukken van Herman de Coninck werd in 1997 in opdracht van Uitgeverij De Arbeiderspers volgens ontwerp van Steven van der Gaauw gezet uit de Trinité [2] en gedrukt door Drukkerij Groenevelt BV te Landgraaf op 100 grams getint gevergeerd romandruk.